Fit für...
Deutsch
Mein Übungsheft

4. Klasse

Text: Kirstin Gramowski
Illustration: Guido Wandrey

TESSLOFF

Vorwort

Hier übst du,
was du bisher in Deutsch 4. Klasse in der Schule gelernt hast. Egal, ob Fremdwörter, Silbentrennung, Satzzeichen, Texte und Grammatik – meine Ameisenfreunde und ich zeigen dir, worauf es ankommt, und helfen dir beim Lösen der Aufgaben.

So funktioniert's
Am besten, du nimmst dir jeden Tag ein paar Minuten Zeit zum Üben. In der Heftmitte findest du die lustigen Ameisensticker. Für jede gelöste Doppelseite schnappst du dir einen, der dir gefällt, und klebst ihn auf das Ausmalbild. Sind alle Felder voll, bist du fit für die Schule!

Hast du alles richtig?
Das Lösungsheft in der Mitte hilft dir bei der Selbstkontrolle. Du kannst es auch herausnehmen.

Ich wünsche dir viel Ameisen-Power beim Üben!

Inhaltsverzeichnis

Der Ks-Laut

1 Löse die Rätsel. Die Lösungen findest du in der Wörterschlange.

ändern: ____________ Zahl nach fünf: ____________

eine Dose: ____________ Arztraum: ____________

ein Werkzeug: ____________ rechts und: ____________

2 Streiche alle falsch geschriebenen Wörter durch. Schreibe sie richtig auf die Linie darunter.

Ich liebe Opas Ecksperimente und Zaubertriks.

____

Nicht nur nachmittaks verspeist das Krümelmonster Keckse. 

____

Die Dagsmutter ist mit ihrem Nachwucks im Wald unterwex.

____

Die kleine Hegse mikst und klext, bis ihr eine Warze wäckst. 

____

Maks flitzt schnurstrags zum Bochstraining.

____

Wörter mit V/v

1 Trage die Merkwörter mit **V/v** unten ein.

Detektiv | Vegetarier | Level | Vollmilch

Der ______________________ isst kein Fleisch.

Das Computerspiel hat viele ______________________.

Ich trinke nur ______________________.

Der ______________________ überführt den Verbrecher.

2 (f) oder (w)? Sprich die Wörter aus Aufgabe 1 laut und unterstreiche sie in den angegebenen Farben.

3 Bilde mit den Vorsilben **ver-** und **vor-** neue Verben. Schreibe sie und die passenden Nomen auf.

vor-
ver-

ändern	verändern	Veränderung
lesen		
wenden		
stecken		
stellen		

Wörter mit s, ß und ss

1 Verlängere den markierten Wortteil der zusammengesetzten Nomen.

~~der Käsefuß~~ das Wassergefäß die Grußkarte der Morgenkreis das Preisgeld die Waldmaus

der Fuß – die Füße, ______________________________

____

____

2 Ergänze **ss** oder **ß**.

Hanna berichtet ihrer Gro___tante von ihren Erlebni___en: „Wei___t du was? Auf der Kla___enfahrt fuhren wir mit dem Flo___ einen Flu___ hinunter. Es war sehr hei___. Also mu___ten wir unsere Fü___e ins kalte Wa___er halten. ‚Flo___en raus!‘, drängelte unser Lehrer. ‚Die Fahrt geht weiter!‘ So ein Spa___! Zum Abende___en gab es Kartoffelklö___e mit So___e und morgens Grie___brei – mit Erdnu___mus!“ Die Gro___tante lacht. „Wirklich? So, aber jetzt: Kopfki___en holen, Zähne putzen und ein Kü___chen abholen. Sü___e Träume, liebe Hanna!“

Wörter mit s, ß und ss

3 Bilde den Plural.

das Zeugnis – die Zeugni<u>sse</u>

das Geheimnis – ____________________

das Hindernis – ____________________

das Wagnis – ____________________

4 Setze **ß** oder **ss** ein. Ergänze jeweils ein Reimwort.

Rü____el – ______________ Ki____en – ______________

Sto____ – ______________ gie____en – ______________

5 Ergänze **s, ss** oder **ß**.

der Bewei____	er dü____t	die Lau____	sie lie____t
flü____ig	das Gebi____	das Moo____	das E____en
der Ku____	versü____en	das Wi____en	das Mu____
der Fel____	drei____ig	begrü____en	gro____
die Flo____en	blo____	sie spei____t	das We____en

Dass oder das?

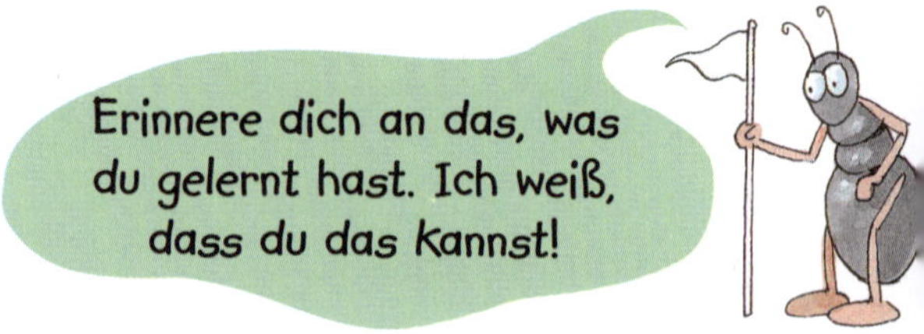

1 Ergänze **dass** oder **das**.

Ich habe gehört, ____________ der Sportunterricht morgen ausfällt.

Das Küken, ____________ heute geschlüpft ist, heißt Kiki.

Kannst du mir ____________ erklären?

Opa hat sich gefreut, ____________ er ____________ erleben durfte.

Es war ____________ Pferd mit der Nummer 7, ____________ ____________ Rennen gewann.

Toll, ____________ dir ____________ Kleid gefällt, ____________ ich dir geschenkt habe.

2 Schreibe zwei Sätze mit **das**.

____

____

____

3 Schreibe zwei Sätze mit **dass**.

____

____

____

Fremdwörter

1 Wörter aus anderen Sprachen fallen durch Besonderheiten ihrer Schreibweise auf. Markiere diese Besonderheiten. Ordne dann die Fremdwörter den deutschen Entsprechungen zu.

Detektiv Pyjama Station Mandarine Adjektiv Thermometer Rhythmus

Schlafanzug: ______

Haltestelle: ______

Takt: ______

Ermittler: ______

Zitrusfrucht: ______

Temperaturmessgerät: ______

Eigenschaftswort: ______

2 Kennst du noch weitere Wörter mit sprachlichen Besonderheiten wie in Aufgabe 1? Ergänze.

______

3 Ergänze das passende Verb auf **-ieren**.

Papa macht Fotos. Er fotografiert ______.

Mama ist beim Training. Sie ______.

Raphael macht eine Meditation. Er ______.

Vicki reitet im Galopp. Sie ______.

Aus Verben werden Nomen

Denke an die Groß-schreibung. Der Artikel versteckt sich manchmal:
beim Schwimmen => bei dem Schwimmen

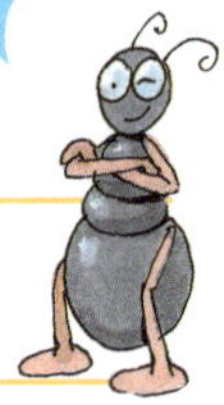

1 Verwandle Verben in Nomen. Schreibe zwei verschiedene Möglichkeiten auf.

beim	lachen	beim Spielen
das	spielen	______________________
dein	lernen	______________________
lustiges	segeln	______________________
zum	backen	______________________

2 Entscheide, ob die Wörter großgeschrieben werden. Schreibe sie richtig auf.

schreien Im Stall dürft ihr nicht ____________________. Lautes ____________________ erschreckt die Pferde.

lesen Ich ____________________ gern Comics.
Beim ____________________ kann ich mich entspannen.

wandern Papa ____________________ vergnügt in den Bergen.
Häufiges ____________________ ist gesund.

lachen Das Theaterstück war so lustig, dass wir dauernd ____________________ mussten.
Mir tat vom ____________________ der Bauch weh.

Aus Adjektiven werden Nomen

1 Verwandle die Adjektive in Nomen.
Ergänze einen passenden Artikel.

sportlich – ______________________

eckig – ______________________

schwierig – ______________________

2 Entscheide, ob die Wörter großgeschrieben werden. Schreibe sie richtig auf.

blau | Der Himmel ist strahlend ______________.

Komm, wir fahren ins ______________!

grün | Wie saftig ______________ die Wiesen sind!

Wir machen im ______________ ein Picknick.

wichtig | Ich muss noch etwas ______________ erledigen. –

Was ist denn so ______________?

scharf | Das koreanische Gericht ist sehr ______________. –

Aber ich mag nichts ______________!

lustig | Das ist ein ______________ Spruch!

Ich habe selten so etwas ______________ gehört.

Die Nachsilben -ung und -nis

1 **-ung** oder **-nis**? Welche Nachsilbe passt? Unterstreiche die Verben und Adjektive in den vorgegebenen Farben.

sammeln wild üben

finster gefangen stören

verdoppeln überraschen erlauben

2 Schreibe die neu gebildeten Nomen aus Aufgabe 1 mit Artikel auf.

-ung: die Sammlung, ____

____

-nis: ____

____

3 Vertauschte Endungen: Schreibe die Nomen mit Artikel richtig auf.

die Heilnis – ____

das Ärgerung – ____

die Wandernis – ____

die Erlebung – ____

Zeitangaben

Wenn Zeitangaben nicht als Nomen verwendet werden, schreibst du sie klein.

1 Wochentage und Tageszeiten schreibst du groß. Setze zusammen.

der Montag + der Nachmittag = der Montagnachmittag

der Dienstag + der Morgen = ______

der Sonntag + der Abend = ______

der Freitag + der Mittag = ______

der Mittwoch + der Vormittag = ______

2 Groß oder klein? Korrigiere die Fehler in den Zeitangaben.

d
Am Dienstag kaufe ich ein. Denn ~~D~~ienstags sind die Läden leer.

Als ich vor Gestern nach Hause kam, war Oma da.

Bruno trifft Kai Morgen mittag am Stadion.

Ich komme dich Morgen besuchen. Heute ist es zu spät.

Ich bin gestern erst um mitternacht eingeschlafen.

Bist du am Spätenabend oder in der Nacht zurückgekommen?

Ich dusche morgens kalt. Das mache ich jeden Morgen.

Jeden Donnerstag geht sie schwimmen.

Diesmal treffen wir uns am freitagnachmittag.

Nächste woche bin ich wieder im Schwimmbad.

Worttrennung

1 Kreise die Wörter ein, die **nicht** getrennt werden dürfen. Trenne dann alle restlichen Wörter mit einem Strich.

Eis|bär Efeu Tau Ranzen
nisten aber Oboe festlich
Apfel Sand sitzen essen
Elefant Ameise Ofen Esel

2 Schreibe die folgenden Wörter getrennt auf. Beachte die Regeln.

~~Knöchel~~ Waage Zucker moosig
Pause naschen Läuse leise
trocken Leere Tierchen Büsche

ch: Knö-chel, ____________________

sch: ____________________

ck: ____________________

au, ei, äu: ____________________

aa, ee, oo: ____________________

Worttrennung

Meist trennst du zwischen den Doppelkonsonanten. Achtung: nicht immer!

3 Trenne die folgenden Wörter.

Spin|ne Wellen schnurren
Suppe Stalltür Brummbär
plappern brannte Qualle
Treppe Kanne zerren
rennen Kasse
Wolle Wollmütze Halle

Dehnungs-h oder silbentrennendes h?

4 Schreibe die folgenden Wörter getrennt auf.

~~Sahne~~ Fahne wehren Sehne Fähre
stehen Krähe nehmen ~~Kühe~~
fröhlich
während wehen Lehrer blühen gähnen

Sah-ne, Kü-he,

Komma bei Aufzählungen

1 Ergänze notwendige Kommas. Unterstreiche **und** oder **oder** am Ende der Aufzählung.

Endlich Ferien! Aya möchte schwimmen ins Kino und in den Zoo.

René wird auf Ponys reiten mit dem Hund toben und mit der Katze kuscheln.

Aki weiß nicht ob er zuerst malen auf dem Trampolin hüpfen oder Flöte spielen soll.

2 Verbinde die Sätze durch Kommas und das Bindewort **und**.

Die Freunde schaukeln. Sie spielen Fußball. Sie bauen Sandburgen. Sie rutschen.

Bob spielt Gitarre. Pia sitzt am Schlagzeug. Amy spielt Saxofon.

Komma zwischen zwei Sätzen

1 Verbinde die beiden Sätze mit dem passenden Bindewort und setze ein Komma.

obwohl während ~~weil~~ aber bis damit bevor

Laila kümmert sich um die Pferde. Elena ist krank.

Laila kümmert sich um die Pferde, weil Elena krank ist.

Greg beeilt sich. Er ist pünktlich.

Der Held sucht den Drachen. Er findet ihn nicht.

Anna springt ins Wasser. Es ist eiskalt.

Tarek isst einen Apfel. Er räumt auf.

Lia bleibt lange draußen. Ihr wird kalt.

Thea arbeitet. Sie spielt Geige.

Wörtliche Rede

1 Wer sagt was? Schreibe die Sprechblasentexte auf und setze die richtigen Satzzeichen.

Großmutter, warum hast du so große Ohren?

Wer knuspert an meinem Häuschen?

Spieglein an der Wand, wer ist die Schönste im Land?

Damit ich dich besser hören kann.

Rapunzel, lass dein Haar herunter!

Spieglein an der Wand ____________, fragte die Königin,

____

Die alte Hexe fragt: ______________________________

____

______________________________ will Rotkäppchen wissen

____

____

______________________________ antwortet der Wolf.

______________________________, befiehlt die Zauberin,

____

Die vier Fälle des Nomens

1 Ergänze die vier Fälle der Nomen.

	das Märchen	der Zwerg
1. Fall	das Märchen	
2. Fall	des	
3. Fall	dem	
4. Fall	das	

	die Hexe		die Hexe
1. Fall		3. Fall	
2. Fall		4. Fall	

2 Unterstreiche alle Fragewörter. Antworte dann und schreibe den Fall dahinter.

Wer oder was spricht mit dem Spiegel? (böse Königin)

die böse Königin (1. Fall)

Wessen Haar ist schwarz wie Ebenholz? (Schneewittchen)

Wem folgt Schneewittchen auf sein Schloss? (Prinz)

Wen oder was trifft Schneewittchen im Häuschen? (7 Zwerge)

Die Personalformen des Verbs

1 Regelmäßiges oder unregelmäßiges Verb? Verbinde.

tanzen | nehmen | klingeln | helfen | sprechen

regelmäßig | **unregelmäßig**

klettern | lesen | spielen | schlafen | reden

2 Ergänze die Personalformen der Verben.

	fahren	hüpfen
ich		
du		
er, sie, es		
wir		
ihr		
sie		

3 Ergänze die Verbform der 3. Person Singular (Einzahl).

lesen – ______________ laufen – ______________

braten – ______________ messen – ______________

Verben in der 1. und 2. Vergangenheit

1 Setze die Verben in die 1. Vergangenheit.

er trinkt – ____________ ich schlafe – ____________

sie zieht – ____________ wir pfeifen – ____________

sie gehen – ____________ er gräbt – ____________

2 Verben brauchen zur Bildung der 2. Vergangenheit ein Hilfsverb. Verbinde.

sprechen kriechen tanzen winken

haben sein

rollen gehen singen sinken

3 Schreibe die Sätze in der 1. und in der 2. Vergangenheit auf.

Eftin findet den Schatz.

____

____

Vela springt ins Wasser.

____

____

Verben in der Zukunft

1 Die Kinder haben große Pläne.
Setze die Verben in der Zukunft ein.

helfen	Ich ____________ den Schimpansen in Afrika ____________.
surfen	Ich ____________ in den Wellen von Hawaii ____________.
anbauen	Ich ____________ Obst und Gemüse ____________.

2 Unterstreiche alle Zeitangaben **rot**, welche die Zukunft ausdrücken.

vorgestern übermorgen in ein paar Minuten jetzt
später bald früher im Jahr 2050
seit zwei Tagen in zwei Tagen nächsten Monat

3 Schreibe die Sätze in der Gegenwartsform auf.

Das Flugzeug wird in zwei Stunden landen.

____

Bald werden wir aufs Land fahren.

____

Morgen wird die Sonne scheinen.

____

Verben in der Zukunft

4 Schreibe die fehlenden Sätze auf.
Unterstreiche alle Verben.

Gegenwart	Sergio isst eine Banane.
Zukunft	
1. Vergangenheit	
2. Vergangenheit	

Gegenwart	
Zukunft	
1. Vergangenheit	
2. Vergangenheit	Sophie ist geschwommen.

Gegenwart	
Zukunft	
1. Vergangenheit	Ihr wart fleißig.
2. Vergangenheit	

Gegenwart	
Zukunft	Ich werde mich freuen.
1. Vergangenheit	
2. Vergangenheit	

Verhältniswörter

1 Ergänze die passenden Verhältniswörter.

zwischen hinter an über durch
um ~~im~~ unter aus auf in

Viele Tiere leben im tropischen Regenwald. __________ zwei Bäumen hängt ein Faultier. Ein Tiger streift __________ das Gebüsch. __________ ihm fliegt ein bunter Papagei. Eine riesige Anakonda schlängelt sich __________ einen Ast. Die größte Schlange der Welt kommt __________ Südamerika. Sie hat dunkle Flecken __________ ihrem Rücken. __________ Gewässern ist die Schlange schneller als __________ Land. Eine Anakonda kann lange __________ Wasser bleiben. __________ einem Stein schaut ein Äffchen hervor.

Verhältniswörter

2 Verschmelze Artikel und Verhältniswort.

an dem Abend = am Abend

bei dem Tanz = ______

zu dem Reiten = ______

vor das Tor = ______

in dem Saal = ______

in das Zelt = ______

zu der Feier = ______

3 Ergänze die Lücken durch passende Verhältniswörter und Artikel. Verwende wenn möglich die kurze Form.

Die Piraten segeln ______ den Ozean. ______ Fernrohr kann Mattis schon die Insel entdecken. Schnell paddeln die Jungs mit dem Beiboot ______ Ufer. Sie stürmen ______ Boot und stürzen sich ______ die Imbissbude. „______ Feier des Tages gibt's wieder was Ordentliches ______ Frühstück!", ruft Jan. Nach der Mahlzeit geht's wieder ab ______ Schiff. „Ist der Schatz noch ______ Deck?", fragt der Kapitän.

Zahlwörter

1 Male alle unbestimmten Zahlwörter **gelb** an.

einer	zweimal	vielzählige	dreihundert	die Erste
einige	die Hälfte	genug	ein Sechstel	
zehn	der Fünfte	tausend	mehrere	sechs

2 Ergänze die Lücken mit den folgenden Zahlwörtern.

365 den letzten genug zwölf einmal dritter unzählige ein Viertel zehn

„Darf ich ______________ Keks essen?“

In ______________ Tagen umkreist die Erde ______________ die Sonne.

Am Zeltplatz plagen uns im Sommer ______________ Mücken.

______________ ist das Doppelte von sechs.

Es ist ______________ für alle da!

Vier Kinder teilen sich eine Pizza. Jedes bekommt ______________.

„Papa hat ______________ Muffins gebacken.“

Das ist mein ______________ Ausflug in die Kletterhalle.

Satzglieder

Satzglieder bestehen aus einem oder mehreren Wörtern.
Du kannst sie umstellen:

Karl heißt der Astronaut.
Der Astronaut heißt Karl.
Heißt der Astronaut Karl?

1 Stelle die Satzglieder zweimal um. Trenne die einzelnen Satzglieder dann durch Striche voneinander ab.

Karl steuert eine Rakete.

Der Astronaut ist schwerelos.

Der Raumanzug versorgt den Astronauten mit Luft.

Subjekt und Prädikat

1 Frage nach dem Subjekt. Unterstreiche es **blau** und notiere die Antwort.

Die Kinder kichern die ganze Zeit.

Frage: ______________________________

Antwort: ______________________________

Oma Ria fotografiert Gartenzwerge.

Frage: ______________________________

Antwort: ______________________________

2 Frage nach dem Prädikat. Unterstreiche es **orange** und notiere die Antwort.

Wir lachen über einen Witz.

Frage: ______________________________

Antwort: ______________________________

Opa Albrecht pflanzt Erdbeeren. 

Frage: ______________________________

Antwort: ______________________________

Das zweigeteilte Prädikat

1 Ergänze den zweiten Teil des Prädikats. Notiere das Verb in der Grundform.

Schlagt bitte eure Bücher auf. → aufschlagen

Bringt bitte euer Sportzeug ______. → ______

Louis zieht die neue Hose ______. → ______

Ich hole euch vom Bus ______. → ______

Die Schule fällt morgen ______. → ______

Ich ruhe mich ein Weilchen ______. → ______

2 Unterstreiche die Prädikate.
Oft bestehen sie aus zwei Teilen.

Mama kauft schnell eine Fahrkarte. Susi steckt sie ein. Sie steigt in ihr Abteil. Mama winkt ihr beim Abfahren zu. Wie sehr freut sie sich auf den Besuch bei Oma! Susi zieht die Jacke aus. Dann holt sie ihr neues Lieblingsbuch hervor. Nach dem Lesen ist sie hungrig. Sie wühlt im Rucksack herum, bis sie den Proviant findet. Sie isst ihr ganzes Brot auf. Vor lauter Durst trinkt sie auch die halbe Wasserflasche aus. Pünktlich kommt sie am Bahnhof an. Nach dem Aussteigen rennt sie gleich los. Oma hebt Susi hoch und küsst sie liebevoll auf die Wange. „Ich werde dich verwöhnen, mein Kind“, flüstert Oma lächelnd.

Objekte

1 Frage mit **Wem?** nach dem Objekt im 3. Fall. Unterstreiche es.

Die Mütze gehört dem Jungen mit der blauen Jacke.

Frage: Wem gehört die Mütze?

Mario wünscht seiner neuen Freundin viel Glück.

Frage: ______

Das Konzert hat mir gut gefallen.

Frage: ______

Asana stellt dem kleinen Igel Wasser hin.

Frage: ______

2 Frage mit **Wen oder was?** nach dem Objekt im 4. Fall. Unterstreiche es.

Ena kitzelt ihren kleinen Bruder.

Frage: ______

Rafi schmückt den Weihnachtsbaum.

Frage: ______

Ich liebe die Ferien.

Frage: ______

Objekte

3 Frage **Wem oder was?** oder **Wen oder was?**.
Unterstreiche die beiden Objekte in diesen Farben.

Der Zirkus ist für alle geöffnet! Die Akrobaten zeigen den Zuschauern ihre Kunststücke. Oben am Trapez turnen Alma und Mario in schwindelnder Höhe. Die Akrobatin macht einen Salto und Mario fängt sie geschickt auf. Schon kündigt der Direktor die nächste Nummer an. Die Aufmerksamkeit gilt nun den Löwen. Der Dompteur präsentiert dem Publikum die gefährlichen Tiere. Clown Pippo gefällt den Kindern am besten.

4 Bilde Sätze. Beachte die Reihenfolge der Satzglieder.

der Hund	einen Schubs	dem frohen Aki	gibt

____ .

Subjekt   Prädikat   Objekt (3. Fall)   Objekt (4. Fall)

der Film	den Kindern	erklärt	das Leben im All

____ .

Objekt (4. Fall)   Prädikat   Subjekt   Objekt (3. Fall)

ihrer Tante	einen Zaubertrick	Olena	zeigt

____ ?

Prädikat   Subjekt   Objekt (3. Fall)   Objekt (4. Fall)

Auf die Plätze,
fertig, kleben!
Hier geht es los.

Fit für ... Deutsch

Mein Übungsheft

4. Klasse

Lösungsheft

Lösungen:

Seite 4
1 wechseln, Büchse, Axt, sechs, Praxis, links
2 Experimente, Zaubertricks; nachmittags, Kekse; Dachsmutter, Nachwuchs, unterwegs; Hexe, mixt, kleckst, wächst; Max, schnurstracks, Boxtraining

Seite 5
1/2 Vegetarier, Level, Vollmilch, Detektiv
3 vorlesen – Vorlesung; verwenden – Verwendung; verstecken – Versteck; vorstellen – Vorstellung

Seite 6
1 das Gefä**ß** – die Gefä**ß**e, der Gru**ß** – die Grü**ß**e, der Krei**s** – die Krei**s**e, der Prei**s** – die Prei**s**e, die Mau**s** – die Mäu**s**e
2 Gro**ß**tante, Erlebni**ss**en, Wei**ß**t, Kla**ss**enfahrt, Flo**ß**, Flu**ss**, hei**ß**, mu**ss**ten, Fü**ß**e, Wa**ss**er, Flo**ss**en, Spa**ß**, Abende**ss**en, Kartoffelklö**ß**e, So**ß**e, Grie**ß**brei, Erdnu**ss**mus, Gro**ß**tante, Kopfki**ss**en, Kü**ss**chen, Sü**ß**e

Seite 7
3 die Geheimnisse, die Hindernisse, die Wagnisse
4 Rüssel – Schüssel (Schlüssel), Kissen – Wissen (gerissen), Stoß – Kloß (Schoß), gießen – ließen (fließen)
5 der Bewei**s**, er dü**s**t, die Lau**s**, sie lie**s**t, flü**ss**ig, das Gebi**ss**, das Moo**s**, das E**ss**en, der Ku**ss**, versü**ß**en, das Wi**ss**en, das Mu**s**, der Fel**s**, drei**ß**ig, begrü**ß**en, gro**ß**, die Flo**ss**en, blo**ß**, sie spei**s**t, das We**s**en

Seite 8
1 Ich habe gehört, **dass** ... Das Küken, **das** heute ... Kannst du mir **das** erklären? Opa hat sich gefreut, **dass** er **das** ... Es war **das** Pferd mit der Nummer 7, **das das** ... Toll, **dass** dir **das** Kleid gefällt, **das** ich dir ...

Seite 9
1 Py**j**ama, Stat**ion**, Rhy**th**mus, Detekt**iv**, Mandar**ine**, **Th**ermometer, Adjekt**iv**
3 Sie **trainiert**. Er **meditiert**. Sie **galoppiert**.

Seite 10
1 mögliche Lösungen: das Spielen, beim Spielen; beim Segeln, zum Segeln; beim Lernen, das Lernen; dein Lachen, zum Lachen; zum Backen, beim Backen
2 Im Stall dürft ihr nicht **schreien**. Lautes **Schreien** erschreckt die Pferde.
Ich **lese** gern Comics. Beim **Lesen** kann ich mich entspannen. Papa **wandert** vergnügt in den Bergen. Häufiges **Wandern** ist gesund. Das Theaterstück war so lustig, dass wir dauernd **lachen** mussten. Mir tat vom **Lachen** der Bauch weh.

Seite 11
1 zum Beispiel: die Sportliche, das Eckige, die Schwierigkeit
2 blau, Blaue, grün, Grünen Wichtiges, wichtig, scharf, Scharfes, lustiger, Lustiges

Seite 12
1+2 -ung: die Übung, die Verdopplung, die Überraschung, die Störung
-nis: die Wildnis, die Finsternis, die Erlaubnis, das Gefängnis
3 die Heilung, das Ärgernis, die Wanderung, das Erlebnis

Seite 13
1 der Dienstagmorgen, der Sonntagabend, der Freitagmittag, der Mittwochvormittag
2 Als ich **vorgestern** nach Hause kam, war Oma da. Bruno trifft Kai **morgen Mittag** am Stadion. Ich komme dich **morgen** besuchen. Heute ist es zu spät. Ich bin gestern erst um **Mitternacht** eingeschlafen. Bist du am **späten Abend** oder in der Nacht zurückgekommen? Diesmal treffen wir uns am **Freitagnachmittag**. Nächste **Woche** bin ich wieder im Schwimmbad.

Seite 14

1 Tau, aber, Oboe, Sand, Ofen und Esel werden nicht getrennt.
Ran|zen, nis|ten, fest|lich, Ap|fel, sit|zen, es|sen, Ele|fant, Amei|se

2 **ch**: Tier-chen; **sch**: na-schen, Bü-sche; **ck**: Zu-cker, tro-cken; **au, ei, äu**: Pau-se, Läu-se, lei-se; **aa, ee, oo**: Waa-ge, moo-sig, Lee-re

Seite 15

3 Wel|len, schnur|ren, Sup|pe, Stall|tür, Brumm|bär, plap|pern, brann|te, Qual|le, Trep|pe, Kan|ne, zer|ren, Kas|se, Hal|le, ren|nen, Wol|le, Woll|müt|ze

4 fröh-lich, ste-hen, Krä-he, neh-men, wäh-rend, we-hen, Leh-rer, blü-hen, gäh-nen, Fah-ne, weh-ren, Seh-ne, Fäh-re

Seite 16

1 Endlich Ferien! Aya möchte schwimmen, ins Kino und in den Zoo. René wird auf Ponys reiten, mit dem Hund toben und mit der Katze kuscheln. Aki weiß nicht, ob er zuerst malen, auf dem Trampolin hüpfen oder Flöte spielen soll.

2 Die Freunde schaukeln, spielen Fußball, bauen Sandburgen und rutschen.
Bob spielt Gitarre, Pia sitzt am Schlagzeug und Amy spielt Saxofon.

Seite 17

1 Greg beeilt sich, damit er pünktlich ist.
Der Held sucht den Drachen, aber er findet ihn nicht.
Anna springt ins Wasser, obwohl es eiskalt ist.
Tarek isst einen Apfel, während er aufräumt.
Lia bleibt lange draußen, bis ihr kalt wird.
Thea arbeitet, bevor sie Geige spielt.

Seite 18

1 „Spieglein an der Wand**“,** fragte die Königin, „wer ist die Schönste im Land?**“**
Die alte Hexe fragt**:** **„**Wer knuspert an meinem Häuschen?**“** **„**Großmutter**“,** will Rotkäppchen wissen**,** **„**warum hast du so große Ohren?**“** **„**Damit ich dich besser hören kann.**“,** antwortet der Wolf. **„**Rapunzel**“,** befiehlt die Zauberin**,** **„**lass dein Haar herunter.**“**

Seite 19

1 das Märchen, des Märchens,
dem Märchen, das Märchen
der Zwerg, des Zwerges
dem Zwerg, den Zwerg
die Hexe, der Hexe
der Hexe, die Hexe

2 Schneewittchens (2. Fall); dem Prinzen (3. Fall); die 7 Zwerge (4. Fall)

Seite 20

1 regelmäßige Verben: tanzen, klingeln, klettern, reden, spielen
unregelmäßige Verben: nehmen, helfen, sprechen, lesen, schlafen

2 ich fahre, du fährst, er/sie/es fährt, wir fahren, ihr fahrt, sie fahren;
ich hüpfe, du hüpfst, er/sie/es hüpft, wir hüpfen, ihr hüpft, sie hüpfen

3 er/sie/es liest; er/sie/es läuft; er/sie/es brät; er/sie/es misst

Seite 21

1 er trank, ich schlief, sie zog, wir pfiffen, sie gingen, er grub

2 haben: sprechen, winken, singen, tanzen
sein: gehen, kriechen, rollen, sinken

3 Eftin **fand** den Schatz. Eftin **hat** den Schatz **gefunden**.
Vela **sprang** ins Wasser. Vela **ist** ins Wasser **gesprungen**.

Seite 22

1 Ich **werde** den Schimpansen in Afrika **helfen**. Ich **werde** in den Wellen von Hawaii **surfen**. Ich **werde** Obst und Gemüse **anbauen**.

2 übermorgen, in ein paar Minuten, später, bald, im Jahr 2050, in zwei Tagen, nächsten Monat

3 Das Flugzeug landet in zwei Stunden. Wir fahren bald aufs Land. Morgen scheint die Sonne.

Seite 23

4 Sergio wird eine Banane essen. Sergio aß eine Banane. Sergio hat eine Banane gegessen.
Sophie schwimmt. Sophie wird schwimmen. Sophie schwamm.
Ihr seid fleißig. Ihr werdet fleißig sein. Ihr seid fleißig gewesen.
Ich freue mich. Ich freute mich. Ich habe mich gefreut.

Seite 24

1 **Zwischen** zwei Bäumen hängt ein Faultier. Ein Tiger streift **durch** das Gebüsch. **Über** ihm fliegt ein bunter Papagei. Eine riesige Anakonda schlängelt sich **um** einen Ast. Die größte Schlange der Welt kommt **aus** Südamerika. Sie hat dunkle Flecken **auf** ihrem Rücken. **In** Gewässern ist die Schlange schneller als **an** Land. Eine Anakonda kann lange **unter** Wasser bleiben. **Hinter** einem Stein schaut ein Äffchen hervor.

Seite 25

2 beim Tanz; zum Reiten; vors Tor; im Saal; ins Zelt; zur Feier

3 Die Piraten segeln **über** den Ozean. **Durchs** Fernrohr kann Mattis schon die Insel entdecken. Schnell paddeln die Jungs mit dem Beiboot **ans** Ufer. Sie stürmen **vom** Boot und stürzen sich **auf** die Imbissbude. „**Zur** Feier des Tages gibt's wieder was Ordentliches **zum** Frühstück!", ruft Jan. Nach der Mahlzeit geht's wieder ab **aufs** Schiff. „Ist der Schatz noch **unter** Deck?", fragt der Kapitän?

Seite 26

1 vielzählige, einige, genug, mehrere, die Hälfte

2 Darf ich **den letzten** Keks essen? In **365 Tagen** umkreist die Erde **einmal** die Sonne. Am Zeltplatz plagen uns im Sommer **unzählige** Mücken. **Zwölf** ist das Doppelte von sechs. Es ist **genug** für alle da! Vier Kinder teilen sich eine Pizza. Jedes bekommt **ein Viertel**. Papa hat **zehn** Muffins gebacken. Das ist mein **dritter** Ausflug in die Kletterhalle.

Seite 27

1 Die Rakete steuert Karl. Steuert Karl die Rakete? Schwerelos ist der Astronaut.
Ist der Astronaut schwerelos? Mit Luft versorgt der Raumanzug den Astronauten.
Den Astronauten versorgt der Raumanzug mit Luft. Versorgt der Raumanzug den Astronauten mit Luft?

Seite 28

1 Frage: Wer kichert die ganze Zeit?
Antwort: die Kinder
Frage: Wer fotografiert Gartenzwerge?
Antwort: Oma Ria

2 Frage: Was machen wir?
Antwort: Wir lachen über einen Witz.
Frage: Was tut Opa Albrecht?
Antwort: Er pflanzt Erdbeeren.

Seite 29

1 **Bringt** bitte euer Sportzeug **mit**.
→ **mitbringen**
Louis **zieht** die neue Hose **an**.
→ **anziehen**

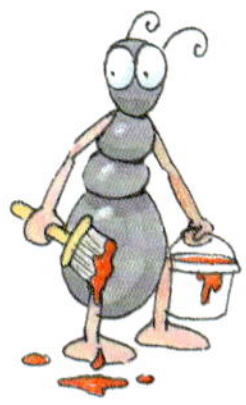

Lernen und verstehen

Jedes Heft: € [D] 10,00 / € [A] 10,30

ISBN 978-3-7886-2488-0

ISBN 978-3-7886-2489-7

ISBN 978-3-7886-2490-3

ISBN 978-3-7886-2491-0

ISBN 978-3-7886-2492-7

ISBN 978-3-7886-2493-4

ISBN 978-3-7886-2494-1

ISBN 978-3-7886-2495-8

Mein Übungsheft

Jedes Heft: € [D] 8,00 / € [A] 8,30

ISBN 978-3-7886-2480-4

ISBN 978-3-7886-2481-1

ISBN 978-3-7886-2482-8

ISBN 978-3-7886-2483-5

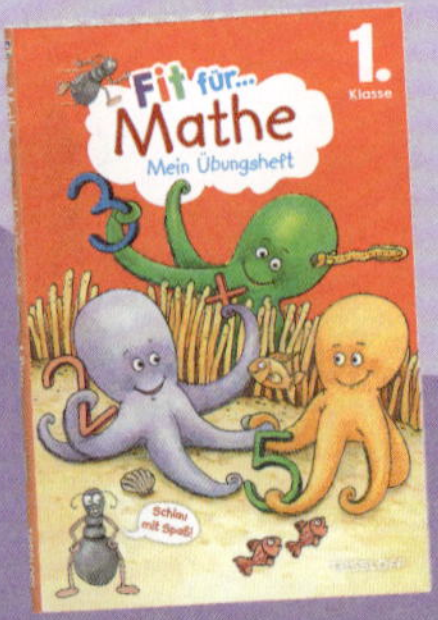

ISBN 978-3-7886-2484-2

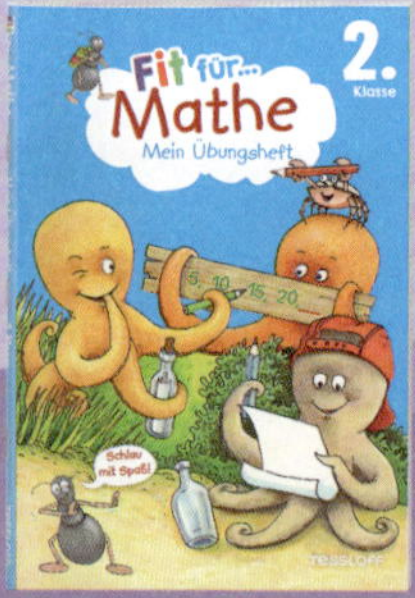

ISBN 978-3-7886-2485-9

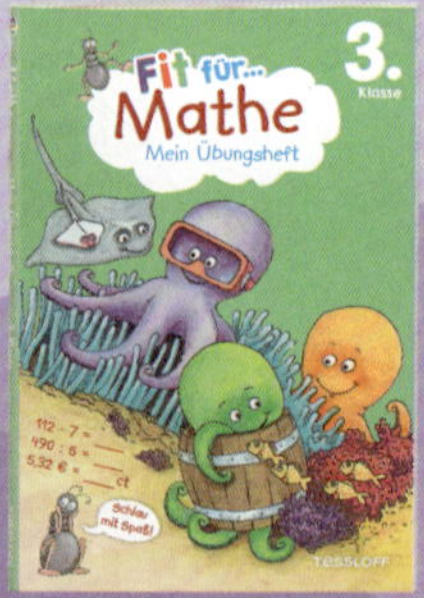

ISBN 978-3-7886-2486-6

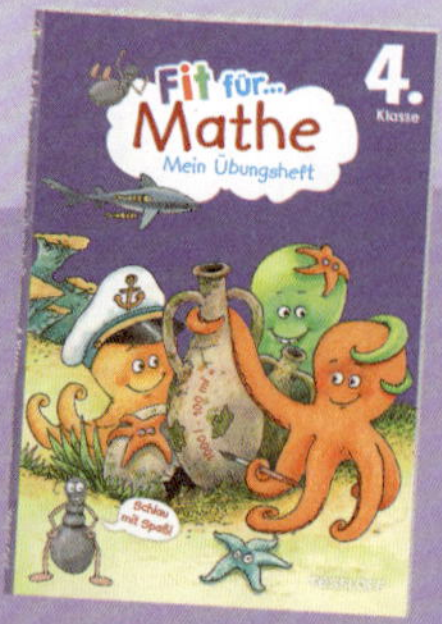

ISBN 978-3-7886-2487-3

Ich **hole** euch vom Bus **ab**. → **abholen**
Die Schule **fällt** morgen **aus**. → **ausfallen**
Ich **ruhe** mich ein Weilchen **aus**.
→ **ausruhen**

2 Mama **kauft** schnell eine Fahrkarte. Susi **steckt** sie **ein**. Sie **steigt** in ihr Abteil. Mama **winkt** ihr beim Abfahren **zu**. Wie sehr **freut** sie sich auf den Besuch bei Oma! Susi **zieht** die Jacke **aus**. Dann **holt** sie ihr neues Lieblingsbuch **hervor**. Nach dem Lesen **ist** sie hungrig. Sie **wühlt** im Rucksack **herum**, bis sie den Proviant **findet**. Sie **isst** ihr ganzes Brot **auf**. Vor lauter Durst **trinkt** sie auch die halbe Wasserflasche **aus**. Pünktlich **kommt** sie am Bahnhof **an**. Nach dem Aussteigen **rennt** sie gleich **los**. Oma **hebt** Susi **hoch** und **küsst** sie liebevoll auf die Wange. „Ich **werde** dich **verwöhnen**, mein Kind“, **flüstert** Oma lächelnd.

Seite 30

1 Wem wünscht Mario viel Glück?
Wem hat das Konzert gut gefallen?
Wem stellt Asana Wasser hin?

2 Wen oder was kitzelt Ena?
Wen oder was schmückt Rafi?
Wen oder was liebe ich?

Seite 31

3 Der Zirkus ist für alle geöffnet! Die Akrobaten zeigen den Zuschauern ihre Kunststücke. Oben am Trapez turnen Alma und Mario in schwindelnder Höhe. Die Akrobatin macht einen Salto und Mario fängt sie geschickt auf. Schon kündigt der Direktor die nächste Nummer an. Die Aufmerksamkeit gilt nun den Löwen. Der Dompteur präsentiert dem Publikum die gefährlichen Tiere. Clown Pippo gefällt den Kindern am besten.

4 Der Hund gibt dem frohen Aki einen Schubs. Das Leben im All erklärt der Film den Kindern. Zeigt Olena ihrer Tante einen Zaubertrick?

Seite 34

1 Wann ist Ferienbeginn? Seit wann freut sich Mark auf Dänemark? Wie lange dauert die Fahrt?

2 Wo trifft Mark Finn? Woher kommt Finn? Wohin rennen die beiden lachend?

Seite 35

1 Opa ist super, denn er zaubert immer für uns. Ena denkt noch an Thomas, bis sie einschläft. Fabio fragt die Kinder, ob sie Saft möchten.

Seite 36/37

1 Beispiele: 1. Das Schloss der alten Zauberin 2. Die unheimliche Entdeckung im Wald 3. Die Verwandlung Jorindes 4. Joringels Traum 5. Die Rettung

2 mögliche Lösung:
In einem alten Schloss im Wald lebt eine böse Zauberin. Jorinde und Joringel gehen in diesem Wald spazieren. Die Zauberin verwandelt Jorinde in eine Nachtigall und sperrt sie ein. Joringel ist unglücklich; er träumt von einer Blume, mit der er Jorinde befreien kann. Er findet die Blume und erlöst Jorinde (und die anderen Mädchen).

Seite 38

1 Eingangsformel: X Es war einmal ...
Vergangenheit: X
Gute und böse Figuren? X Gute Figuren: Jorinde, Joringel; böse Figuren: Zauberin
Magische Wesen/Dinge: X Zauberin, Eule, Blume
Aufgabe: X Joringel muss eine Blume finden und Jorinde vom Zauber befreien.
Magische Zahlen: X 100, 3, 9
Reime/Zaubersprüche: X „Grüß dich, Zachiel, wenn‘s Möndel ins Körbel scheint, bind los Zachiel, zu guter Stund.“
Schlusssatz: X Sie lebten noch lange vergnügt zusammen.
Das Gute gewinnt und das Böse wird bestraft. X

Seite 39

1 Die Zauberin wohnt in einem alten Schloss (Z. 1–2). Tagsüber verwandelt sie sich in eine Eule (Z. 2–3). Jorinde wird in eine Nachtigall verwandelt. (Z. 15). In der Mitte der roten Blume ist eine Perle. (Z. 28–29)

2 Aussehen: alt, große, rote Augen, krumme Nase
Verhalten: bösartig, verzaubert Frauen und Männer, sperrt Frauen (Vögel) ein
magische Fähigkeiten: zaubern, Verwandlung

Seite 40

1 Grüß dich Zachiel,
wenn der Mond
ins Körbchen scheint,
befreie ihn, Zachiel,
im richtigen Moment.

2 „stillestehen“ (Z. 5) = stillstehen; „bis sie ihn lossprach“ (Z. 5–6) = wieder befreite; „einander versprochen“ (Z. 10–11) = verlobt; sie möchten heiraten; „wurde Joringel los“ (Z. 23) = Joringel war wieder frei/konnte sich wieder bewegen

Seite 41

1

2 HIHI – lachen
KLIRR - zerbrechen
UI – überrascht sein
KNACK - knacken
AUTSCH – vor Schmerzen schreien
RUMS - hinfallen
WÄÄH – weinen
JUHU – jubeln
KLICK – fotografieren
KICHER – kichern
PENG – schießen
GRRR – wütend sein

Seite 43

3 a) Der Froschkönig; b) Prinzessin, Frosch; c) Schlafzimmer (im Schloss); d) Tageszeit: Nacht; e) Die Königstochter liegt betrübt im Bett. Der Froschkönig will mit hinein. Die Königstochter wirft ihn wütend an die Wand. Er verwandelt sich in einen Prinzen. Sie verlieben sind sofort. f) Bild 1: traurig/betrübt, Mundwinkel heruntergezogen; Bild 2: wütend, Augen verengt, Mund aufgerissen; Bild 3: verliebt/glücklich, lächelt; g) Wie der Frosch mit Wucht gegen die Wand fliegt.

Seite 44

1 Zeile 1 und 2: 8 Silben; Zeile 3 bis 8: 9 Silben

2 Titel: Die Feder; Autor: Joachim Ringelnatz; Anzahl der Strophen: 4; Anzahl der Verse: 8

3 Reimschema: aabbccdd

Seite 45

4 Eine Feder fliegt durch die Luft und entdeckt ein schlafendes Nilpferd. Sie kitzelt es wach. Das Nilpferd muss laut lachen.

5 dösen: schlummern
scherzen: necken
Haut: Leder
ganz laut: ungeheuer

Seite 47

2 a) Fenster reinigen, Wände streichen, Reparaturen durchführen, Bäume fällen, große Werbeplakate aufhängen
b) zuverlässig, schwindelfrei, körperlich fit, teamfähig, vorsichtig

Seite 48

c) Leidenschaft, frische Luft, Nähe zur Natur, großartiges Team, Abwechslung, guter Verdienst, fantastische Aussichten
d) „Es gibt kein schlechtes Wetter, nur schlechte Kleidung."

3 Als Industriekletterer muss man schwindelfrei sein. Zuverlässigkeit ist für Teamarbeit sehr wichtig.

Seite 49

1 mögliche Lösungen: Wo arbeiten Pferdewirte? Welche Fähigkeiten brauchen Pferdewirte? Was machen Pferdewirte? Wie verläuft die Ausbildung? Wie viel verdienen Pferdewirte?

Seite 50

2 a) Die Ausbildung dauert 3 Jahre; b) auf Reiterhöfen, in Gestüten, Reitsportvereinen, Reitschulen und Rennställen; c) je nach Berufserfahrung zwischen 1600 und 2300 Euro.

3 Luna sollte Pferdewirtin werden, wenn sie Pferde liebt; sie gut mit den Tieren umgehen kann; sie Erfahrung mit Pferden hat.

Seite 51

1 Märchenfiguren: Hexe, Königstochter
Magische Gegenstände: Spiegel, Blume
Aufgaben: Drachen besiegen, Brüder erlösen
Märchenorte: Schloss, Brunnen

Seite 52

1 mögliche Lösungen: das schöne Schloss, die geheimnisvolle Höhle, der tiefe Brunnen, das alte Hexenhaus, der dunkle Wald, der hohe Turm

2 mögliche Lösungen: das tapfere Schneiderlein; die hübsche Prinzessin, der gefährliche Drache, die niedliche Fee, der mächtige Zauberer, der kluge Prinz, die böse Hexe, die eitle Königin, die arme Müllerstochter

Seite 58

1 **Schneewittchen**
A Spieglein an der Wand.
B Wer ist die Schönste im Land?
C Schneewittchen muss fort.
A Spieglein an der Wand.
C Vergiftet sie!
C Denn ich bin die Schönste hier!
A Spieglein an der Wand.
B Wer ist die Schönste im Land?

Dornröschen
A Sie schläft so fest.
B Seit hundert Jahren.
C Sie hat sich gestochen.
A Sie schläft so fest.
C Es wachsen die Dornen.
C Ich küsse sie wach.
A Sie schläft so fest.
B Seit hundert Jahren.

Seite 60

1 Geschlossene Fragen: Arbeiten Sie gerne als Schauspielerin? Erscheint bald ein neuer Film? Spielen Sie auch Theater?
Offene Fragen: Warum mögen Sie Ihren Beruf? Worum geht es in Ihrem neuen Film? Was ist für Sie das Besondere am Theater?

2 Zum Beispiel: Wer? Welche? Wie? Was? Weshalb? Wozu? Wieso? Wann? Wo?

Seite 61

4 Welche Art von Musik hörst du gern?
Welche Hobbys haben Sie?
Warum sind Sie Polizist geworden?
Was unterrichten Sie am liebsten und warum?
Was gefällt dir in deiner Ausbildung am besten?
Wann hast du angefangen, Musik zu machen?
Wie hast du dich gefühlt, als du zum ersten Mal aufgetreten bist?

Seite 62

1 Hebamme: Wie viele Babys hast du schon auf die Welt geholt?
Astronaut: Wie putzt du dir im All die Zähne?
Trapezkünstlerin: Wie bist du gesichert, wenn du durch die Luft fliegst?
Yoga-Trainer: Was bedeutet Yoga für dich?
Förster: Wie viel Zeit verbringst du im Wald?

Seite 63

1 mögliche Lösungen: Wer bist du und was machst du? Was ist Wingfoilen? Wofür ist dieser Mast gut? Wie fühlst du dich beim Wingfoilen? Wie schnell lernt man Wingfoilen? In welchem Alter kann man anfangen?
2 Bild 1

Seite 64

2 Beispiellösung:
1) Schwerelos zu sein ist zunächst ungewohnt. Das Schweben muss man erst einmal lernen. Ein kleiner Schubser mit dem Zeh reicht aus, und man rauscht mit Vollgas an die Decke.
2) Ja, man schwebt auch, wenn man schläft. Deshalb werden unsere Schlafsäcke festgeschnallt.
3) Duschen funktioniert nicht. Die Tropfen fliegen dann in alle Richtungen davon. Wir verwenden stattdessen feuchte Tücher und für die Haare nehmen wir ein Trockenshampoo.
4) Ja, der Körper verändert sich sehr. Die Beine werden dünner, die Muskeln und Knochen bilden sich zurück.
5) Wir treiben täglich zweimal eine Stunde Sport. Wir laufen zum Beispiel auf dem Laufband oder machen Krafttraining.
6) Bei der Körperpflege ist die Fußpflege besonders schwierig. Auf der Erde hilft einem die Schwerkraft beim Vornüberbeugen. Im All braucht man richtig starke Bauchmuskeln, um da unten hinzukommen.

Hurra,
jetzt bist
du fit!

Orts- und Zeitangaben

1 Unterstreiche die **Zeitangabe**.
Notiere die Frage als ganzen Satz.

Heute ist Ferienbeginn!

Frage: ______________________________

Mark freut sich seit Wochen auf Dänemark.

Frage: ______________________________

Die Fahrt dauert 10 Stunden.

Frage: ______________________________

2 Unterstreiche die **Ortsangabe**.
Notiere die Frage als ganzen Satz.

Am Stand trifft Mark Finn.

Frage: ______________________________

Finn kommt aus Schweden.

Frage: ______________________________

Lachend rennen die beiden ins Meer.

Frage: ______________________________

Bindewörter

1 Setze das passende Bindewort in die Lücke.

obwohl | denn | dass

Opa ist super, ____________________ er zaubert immer für uns.

bis | und | auch

Ena denkt noch an Thomas, ____________________ sie einschläft.

obwohl | ob | dass

Fabio fragt die Kinder, ____________________ sie Saft möchten.

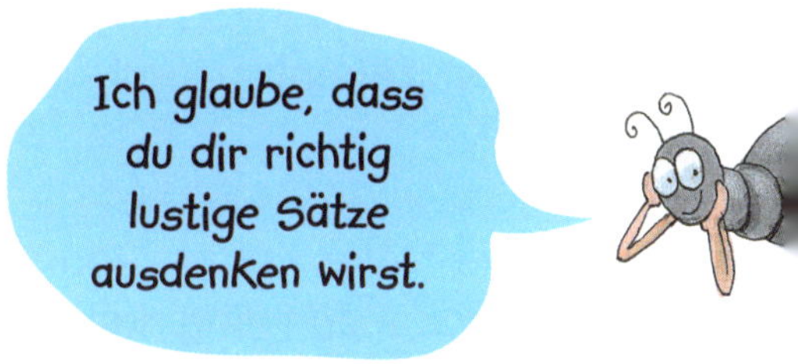

2 Beende die Sätze. Verwende passende Bindewörter.

Ich bin froh, ____

____.

Ich weiß, ____

____.

Ich soll aufräumen, ____

____.

Ein Märchen lesen und verstehen

1 Lies das Märchen. Formuliere dann passende Überschriften für die fünf Textabschnitte.

Jorinde und Joringel
nach den Gebrüdern Grimm

Es war einmal ein altes Schloss mitten in einem großen Wald. Dort lebte eine alte Zauberin. Am Tag verwandelte die Zauberin sich in eine Eule. Abends nahm sie wieder Menschengestalt an. Wenn sich jemand auf hundert Schritte dem Schloss näherte, so musste er stillestehen, konnte sich nicht von der Stelle bewegen, bis sie ihn lossprach. Wenn eine junge Frau dorthin kam, so verwandelte die Zauberin sie in einen Vogel und sperrte ihn in einen Korb. Sie hatte schon siebentausend solcher Körbe im Schloss.

In der Nähe wohnte Jorinde, ein schönes Mädchen. Sie und ein hübscher Jüngling namens Joringel hatten sich einander versprochen. Eines Abends gingen sie im Wald spazieren. „Hüte dich,“ sagte Joringel, „dass du nicht zu nahe an das Schloss kommst!“ Plötzlich sah er durch das Gebüsch ganz nah die alte Schlossmauer. Er erschrak und schaute zu Jorinde.

Jorinde war in eine Nachtigall verwandelt worden und sang. Eine Nachteule flog dreimal um sie herum und schrie. Joringel konnte nicht mehr reden oder sich bewegen. Die Sonne sank und die Eule flog in einen Strauch. Sogleich kam eine alte Frau mit großen, roten Augen und einer krummen Nase daraus hervor. Sie murmelte etwas, fing die Nachtigall und trug sie fort. Joringel kam nicht von der Stelle. Endlich kam das Weib wieder und sagte: „Grüß dich, Zachiel, wenn's Möndel ins Körbel scheint, bind los Zachiel, zu guter Stund.“ Da wurde Joringel los. Er flehte die Zauberin an, ihm Jorinde zurückzugeben. Aber sie sagte, er solle sie nie wieder haben, und ging fort. Er rief, er weinte, er jammerte, aber alles umsonst.

Joringel lebte dann einige Zeit in einem fremden Dorf. Dort hütete er Schafe. Eines Nachts träumte er von einer roten Blume mit einer großen Perle in der Mitte. Alles, was er damit berührte, wurde von dem Zauber frei. Auch träumte er, dass er so seine Jorinde zurückbekäme. Am nächsten Tag suchte Joringel die Blume überall.

Am neunten Tag fand er die Blume und ging zum Schloss. Er berührte die Pforte mit der Blume und sie sprang auf. In einem Saal mit siebentausend Körben fand er die Zauberin. Als sie ihn sah, wurde sie wütend. Aber sie konnte nicht mehr als zwei Schritte an ihn herankommen. Joringel sah die vielen Nachtigallen. Wie sollte er nur seine Jorinde wiederfinden? Heimlich wollte die Alte mit einem Körbchen zur Tür. Schnell sprang er hin und berührte das Körbchen mit der Blume und auch das alte Weib. Nun konnte es nicht mehr zaubern und Jorinde stand da, so schön wie früher. Joringel befreite auch alle anderen Vögel und ging mit Jorinde nach Hause. Sie lebten noch lange vergnügt zusammen.

2 Fasse das Märchen in wenigen Sätzen zusammen.

Märchenmerkmale erkennen

1 Welche **typischen Märchenmerkmale** findest du im Text? Beantworte die Fragen und unterstreiche die Textstellen mit den angegebenen Farben.

Beginnt das Märchen mit einer typischen Eingangsformel? Notiere sie. ☐

Wird das Märchen in der Vergangenheit erzählt? ☐

Gib es gute und böse Figuren? Wer ist gut, wer ist böse? Notiere. ☐

Tauchen **magische Wesen/Dinge** auf? Falls ja, welche? ☐

Muss eine Aufgabe gelöst werden? Falls ja, welche? ☐

Tauchen **magische Zahlen** im Märchen auf? Falls ja, welche? ☐

Gibt es **Reime/Zaubersprüche**? Notiere in wörtlicher Rede. ☐

Hat das Märchen einen **typischen Schlusssatz**? Notiere. ☐

Gewinnt das Gute am Ende und wird das Böse bestraft? ☐

Fragen zu Märchen beantworten

1 Beantworte die Fragen zum Text und notiere die Zeilenangabe (Z).

Die Zauberin wohnt in einem ... (Z. ________)

____

Tagsüber verwandelt sie sich in eine ... (Z. ________)

____

In welchen Vogel wird Jorinde verwandelt? (Z. ________)

____

In der Mitte der roten Blume ist eine ... (Z. ________)

____

2 Finde im Märchen Textstellen, in denen die alte Zauberin näher beschrieben wird und markiere sie **gelb**. Schreibe in Stichworten auf.

Aussehen: ______________________________

____

Verhalten: ______________________________

____

____

magische Fähigkeiten: ______________________________

____

____

Märchensprache verstehen

1 Was bedeutet der Zauberspruch? Schreibe in eigenen Worten.

Grüß dich, Zachiel*, ______________________________

wenn's Möndel ______________________________

ins Körbel scheint, ______________________________

bind los Zachiel, ______________________________

zu guter Stund. ______________________________

* anderer Name für Zachariel (ein Erzengel)

2 Märchen haben eine besondere Sprache. Suche diese Wörter und Ausdrücke im Text. In welcher Zeile stehen sie? Notiere dann, was sie jeweils bedeuten.

„stillestehen“ (Z. ____)

= ______________________________

„bis sie ihn lossprach“ (Z. ____)

= ______________________________

„einander versprochen“ (Z. ____)

= ______________________________

„wurde Joringel los“ (Z. ____)

= ______________________________

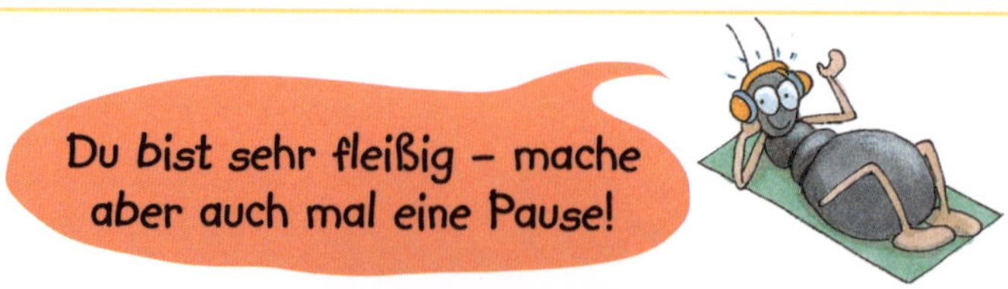

Comics lesen und verstehen

1 Welcher Text gehört wo hinein? Schreibe auf.

Eines Tages …

Peng!

Psst, sei still!

Nein!!!

Ich helfe dir.

Was war das?

2 In Comics findest du oft Soundwörter (Geräuschwörter). Verbinde, was zusammenpasst.

HIHI KLIRR UI KNACK

AUTSCH RUMS WÄÄH JUHU

knacken überrascht sein lachen

kichern schießen wütend sein

zerbrechen weinen

hinfallen jubeln fotografieren

vor Schmerzen schreien

KLICK KICHER PENG GRRR

Comics lesen und verstehen

3 Sieh dir den Ausschnitt des Comics an und beantworte die Fragen.

Comics lesen und verstehen

a) Welches Märchen wird gezeigt?: ____________________

b) Figuren: ____________________

c) Ort: ____________________

d) Tageszeit: ____________________

e) Fasse kurz zusammen, was auf den drei Bildern geschieht.

____

____

____

____

f) Die Laune der Königstochter ändert sich: Beschreibe ihren Gesichtsausdruck und wie sie sich fühlt.

Bild 1: ____________________

____

Bild 2: ____________________

____

Bild 3: ____________________

____

g) Was genau zeigen die Speedlines hier im Comic? ____________________

____

Ein Gedicht lesen und verstehen

1 Lies das Gedicht. Schreibe neben jede Zeile die Silbenanzahl.

Abschnitte im Gedicht heißen Strophen, einzelne Zeilen heißen Verse.

Joachim Ringelnatz: Die Feder

Ein Federchen flog durch das Land; ____ Silben
Ein Nilpferd schlummerte im Sand. ____ Silben

Die Feder sprach: „Ich will es wecken!" ____ Silben
Sie liebte, andere zu necken. ____ Silben

Aufs Nilpferd setzte sich die Feder ____ Silben
Und streichelte sein dickes Leder. ____ Silben

Das Nilpferd sperrte auf den Rachen ____ Silben
Und musste ungeheuer lachen. ____ Silben

2 Untersuche das Gedicht und ergänze die folgenden Angaben.

Titel: ______________________ Anzahl der Strophen: ____

Autor: ______________________ Anzahl der Verse: ____

Gereimte Gedichte können ein unterschiedliches Reimschema haben. Jede Zeile wird mit einem Buchstaben benannt. Sich reimende Zeilen erhalten den gleichen Buchstaben.

Paarreim	aabb	Umarmender Reim	abba
Kreuzreim	abab	Schweifreim	aabccb

3 Bestimme das Reimschema des Gedichts, indem du die Buchstaben vor die Verse schreibst.

☐ abacadae ☐ aabbccdd ☐ abababab ☐ abbacddc

Ein Gedicht lesen und verstehen

4 Fasse kurz zusammen, was im Gedicht geschieht.

5 Im Gedicht findest du Wörter mit einer ähnlichen Bedeutung. Notiere sie.

dösen: ____________ scherzen: ____________

Haut: ____________ ganz laut: ____________

6 Was könnten die Feder und das Nilpferd sagen? Ergänze.

7 Überlege, wie das Gedicht weitergehen könnte. Schreibe vier weitere Zeilen (Verse). Halte dabei das Reimschema ein.

Ein Interview lesen und verstehen

1 Eddy Chalks (EC) Berufsalltag spielt sich in schwindelnden Höhen ab. Vicki (V) befragt den Industriekletterer für die Schülerzeitung. Lies das Interview.

V: Guten Tag, Herr Chalk. Danke, dass Sie sich Zeit für mich nehmen.
EC: Hallo Vicki! Schön, dass ihr euch für meinen Beruf interessiert. Nenn mich Eddy.

V: Eddy, welche Aufgaben hat ein Industriekletterer?
EC: Die Arbeiten selbst sind unterschiedlich: Wir reinigen Fenster, streichen Wände und führen Reparaturen durch. Manchmal fällen wir auch Bäume oder befestigen große Werbeplakate.

V: Wo ist euer Arbeitsplatz?
EC: Wir arbeiten dort, wo ein Kran oder eine Hebebühne nicht hinkommen: hohe Gebäude, Dächer, Windräder oder Bäume.

V: Das klingt spannend. Arbeitet man allein oder im Team?
EC: Fast immer im Team. Wir müssen uns zu 100 % aufeinander verlassen können.

V: Warum hast du dich für diesen Beruf entschieden?
EC: Klettern war schon immer meine Leidenschaft. Nach der Schule machte ich aber erst eine Tischlerausbildung. Erst später brachte mich ein Freund auf die Idee, auch beruflich zu klettern.

V: Ganz knapp: Was magst du an deinem Beruf?
EC: Klettern, frische Luft, die Nähe zur Natur, das großartige Team, Abwechslung und den guten Verdienst. Und egal, was wir tun – wir haben immer eine fantastische Aussicht.

Ein Interview lesen und verstehen

V: Was macht ihr bei Schlechtwetter?
EC: Mein Sportlehrer hat immer gesagt: „Es gibt kein schlechtes Wetter, nur schlechte Kleidung.“ Spaß beiseite, wir sind es gewöhnt, bei fast jedem Wetter draußen zu sein. Wenn es aber stark regnet, stürmt oder friert, dürfen wir nicht arbeiten.

V: An deinem Klettergurt hängt einiges dran. Was gehört alles zur Ausrüstung?
EC: Neben dem Gurt mit Haken und Sicherungsgeräten brauchen wir noch zwei wichtige Seile: Das Tragseil, das mein Gewicht hält, und das Sicherungsseil, das mich bei einem Sturz sichert. Und natürlich der Helm!

V: Muss man sehr sportlich und furchtlos für den Job sein?
EC: Man muss schwindelfrei sein und darf keine Höhenangst haben. Und man muss körperlich fit sein. Acht Stunden Arbeit im Seil strengen an. Außerdem sollte man teamfähig und eher vorsichtig sein. Sicherheit geht immer vor.

V: Vielen Dank für das spannende Gespräch, Eddy.
EC: Gerne, Vicki, es hat mich gefreut.

2 Finde die Antworten im Text, unterstreiche sie jeweils in der passenden Farbe und scheibe sie stichwortartig auf.

a) Welche **Aufgaben** hat der Industriekletterer?

____

____

b) Welche **Eigenschaften** braucht man als Industriekletterer?

____

____

Ein Interview lesen und verstehen

c) Welche von Eddys **Aussagen** zeigen, **dass ihm sein Beruf gefällt**?

d) **Eddys Sportlehrer hat immer gesagt**:

3 Kreuze die richtigen Aussagen an.

- ☐ Es ist kein Problem, bei starkem Wind zu arbeiten.
- ☐ Als Industriekletterer muss man schwindelfrei sein.
- ☐ Zuverlässigkeit ist für Teamarbeit sehr wichtig.
- ☐ Das Tragseil sichert den Kletterer, wenn er stürzt.

4 Welche weitere Frage würdest du Eddy gerne stellen?

5 Wäre dieser Beruf auch etwas für dich? Warum (nicht)?

Eine Anzeige lesen und verstehen

1 Luna interessiert sich für den Beruf Pferdewirt/-in. Lies den Steckbrief. Finde passende Überschriften für die Textabschnitte.

 **STECKBRIEF: PFERDEWIRT/-IN** 

____

Pferdewirtinnen und -wirte arbeiten hauptsächlich auf Reiterhöfen, in Gestüten sowie in Reitsportvereinen, Reitschulen und Rennställen.

____

Die Liebe zum Pferd und ein verantwortungsvoller Umgang mit den Tieren werden vorausgesetzt. Man sollte bereits über Erfahrung im Umgang mit Pferden verfügen. Grundkenntnisse im Reiten sind wünschenswert. Freundlichkeit, Zuverlässigkeit und Teamfähigkeit sind wichtig. Die Bereitschaft, körperlich zu arbeiten, sollte vorhanden sein.

____

Hierzu gehören das Füttern und das Pflegen der Pferde sowie tägliche Stallarbeiten. Die Pferde müssen regelmäßig bewegt und geritten werden. Auch die Mithilfe bei der Durchführung des Reitunterrichts gehört dazu.

____

Die Ausbildung zur Pferdewirtin/zum Pferdewirt dauert drei Jahre. Neben der Arbeit in einem Reitbetrieb besucht man gleichzeitig die Berufsschule.

____

Berufseinsteiger verdienen 1 600 € monatlich; mit einer Berufserfahrung von ca. 4–9 Jahren gibt es etwa 1 900 €. Experten, die 10–20 Jahre im Beruf arbeiten, bekommen ungefähr 2 300 €.

Eine Anzeige lesen und verstehen

2 Beantworte die Fragen zum Text auf Seite 49.

a) Wie lange dauert die Ausbildung? ______________________

b) Wo kann man arbeiten? ______________________

____

____

c) Was verdient man ungefähr nach 5 Jahren?

____

3 Kreuze an: Luna sollte Pferdewirtin werden, wenn ...

- [ ] sie Pferde über alles liebt.
- [ ] sie am liebsten allein arbeitet.
- [ ] sie gut mit den Tieren umgehen kann.
- [ ] sie nicht gerne früh aufsteht.
- [ ] sie sich nicht gerne schmutzig macht.
- [ ] sie immer freie Wochenenden haben möchte.
- [ ] sie nicht gerne körperlich arbeitet.
- [ ] sie Erfahrung mit Pferden hat.

Typisch Märchen

1 Vervollständige das Gedankennetz mit den folgenden Märchenwörtern. Ergänze weitere.

~~Königstochter~~ | Schloss | Hexe | Drachen besiegen

Brunnen | Spiegel | Brüder erlösen | Blume

Märchenfiguren

Königstochter

magische Gegenstände

Märchen

Aufgaben

Märchenorte

Typisch Märchen

2 Finde zu jedem Märchenort ein passendes Adjektiv.

das ______________________ Schloss

die ______________________ Höhle

der ______________________ Brunnen

das ______________________ Hexenhaus

der ______________________ Wald

der ______________________ Turm

3 Märchenfiguren haben verschiedene Eigenschaften.
Finde passende Adjektive.

das ______________________ Schneiderlein

die ______________________ Prinzessin

der ______________________ Drache

die ______________________ Fee

der ______________________ Zauberer

der ______________________ Prinz

die ______________________ Hexe

die ______________________ Königin

die ______________________ Müllerstochter

Ein Märchen planen und schreiben

1 Plane dein Märchen: Notiere Stichpunkte.

Welche Figuren kommen vor? Haben sie Namen?

Wer ist der Bösewicht oder die Böse?

Welche Eigenschaften haben deine Figuren?

Person	Eigenschaften (Aussehen, Verhalten …)

Ein Märchen planen und schreiben

Kommen magische Gegenstände/Wesen vor? Welche?

Kommen sprechende Tiere/Pflanzen vor? Welche?

An welchem Ort soll das Märchen spielen?

Gibt es eine Aufgabe/Prüfung zu bestehen? Welche?

Braucht eine Person Hilfe? Wer? Welche Art von Hilfe?

Kommen magische Zahlen vor? Wie? Welche?

Treten Gegensätze auf? Welche?

Ein Märchen planen und schreiben

Gibt es Reime/Zaubersprüche? Welche?

Wie beginnt dein Märchen?

Wie endet das Märchen?

Gibt es Anfangs- und/oder Schlussformeln? Welche?

Wähle einen passenden Titel für dein Märchen.

2 Schreibe dein Märchen auf ein Blatt Papier. Prüfe, ob du dabei alle deine Märchenmerkmale verwendet hast.

Einen Comic schreiben

1 Sieh dir das Comic zum Märchen „Jorinde und Joringel" an.

Tief im Wald lebte einmal eine Zauberin. Am Tag verwandelte sie sich in eine Eule. Wer ihrem Schloss nahe kam, blieb versteinert stehen. Frauen wurden von der Zauberin in Vögel verwandelt und eingesperrt. Jorinde und Joringel gingen eines Tages im Wald spazieren ...

Einen Comic schreiben

2 Überlege, was die Figuren sagen oder denken. Fülle die Sprech- und Denkblasen mit Text. Falls du Hilfe brauchst, lies das Märchen von Jorinde und Joringel auf Seite 36/37 nochmals.

3 In den weißen Kästen findest du oft kurze Erklärungen oder Angaben zur Zeit. Ergänze auch hier einen passenden Text.

4 Ergänze Laute und Zeichen aus der Comic-Sprache:

a) Soundwörter (Geräuschwörter), zum Beispiel:

ARRGH CHRRR ZWITSCHER UMPF SCHMATZ

WUHUUU SCHNIEF SCHLUCHZ ZACK PIEP PIEP

b) Zeichne Speedlines (= Linien, die schnelle Bewegungen anzeigen) dort im Comic ein, wo sie passen.

Ein Rondell schreiben

1 Hier sind zwei Rondelle durcheinandergeraten. Schreibe sie mithilfe des Bauplans richtig auf.

Denn ich bin die Schönste hier!

Seit hundert Jahren.

Es wachsen die Dornen.

Vergiftet sie!

Ich küsse sie wach.

Sie hat sich gestochen.

Schneewittchen muss fort!

Wer ist die Schönste im Land?

Sie schläft so fest.

Spieglein an der Wand

Schneewittchen	**Dornröschen**

Ein Rondell schreiben

Ein Rondell ist ein Gedicht mit acht Zeilen.
Die Sätze A und B sind jeweils immer gleich.
Satz C kann sich ändern.

Überschrift

A	1. Zeile:	1. Satz
B	2. Zeile:	2. Satz
C	3. Zeile:	beliebiger Satz
A	4. Zeile:	1. Satz
C	5. Zeile:	beliebiger Satz
C	6. Zeile:	beliebiger Satz
A	7. Zeile:	1. Satz
B	8. Zeile:	2. Satz

2 Schreibe nun ein eigenes Rondell zu einem Märchen deiner Wahl.

____

A ....

B - - - - - - - - - - - - - - -

C ______________________________

A ....

C ______________________________

C ______________________________

A ....

B - - - - - - - - - - - - - - -

Geeignete Fragen formulieren

1 Mascha möchte ein Interview mit der Schauspielerin Sophia führen. Diese Fragen hat sie sich ausgedacht. Ordne sie durch Verbinden zu.

Arbeiten Sie gerne als Schauspielerin?

Erscheint bald ein neuer Film?

Worum geht es in Ihrem neuen Film?

Geschlossene Fragen → Die Antwort lautet nur „Ja“ oder „Nein“.	Offene Fragen → ausführliche Antwort

Spielen Sie auch Theater?

Was ist für Sie das Besondere am Theater?

Warum mögen Sie Ihren Beruf?

2 Mit W-Fragewörtern kannst du viel über deinen Interview-Partner erfahren. Wie viele W-Fragewörter fallen dir ein? Schreibe sie auf.

Warum? Worum? Was?

Geeignete Fragen formulieren

4 Welche Fragen eignen sich für ein Interview? Kreuze an.

- [ ] Hörst du gerne Musik?
- [ ] Haben Sie Haustiere?
- [ ] Welche Art von Musik hörst du gern?
- [ ] Magst du mich?
- [ ] Welche Hobbys haben Sie?
- [ ] Warum sind Sie Polizist geworden?
- [ ] Wie viel wiegen Sie?
- [ ] Kannst du ein Instrument spielen?
- [ ] Was unterrichten Sie am liebsten und warum?
- [ ] Was gefällt dir in deiner Ausbildung am besten?
- [ ] Wann hast du angefangen, Musik zu machen?
- [ ] Wie hast du dich gefühlt, als du zum ersten Mal aufgetreten bist?

5 Finde zwei neue Beispiele für offene und geschlossene Fragen.

offene Fragen:

____

____

____

geschlossene Fragen:

____

____

____

Ein Interview planen

1 Was passt zusammen? Verbinde.

Was bedeutet Yoga für dich?

Wie viele Babys hast du schon auf die Welt geholt?

Wie putzt du dir im All die Zähne?

Wie bist du gesichert, wenn du durch die Luft fliegst?

Wie viel Zeit verbringst du im Wald?

2 Was würdest du diese Menschen in einem Interview fragen? Schreibe je eine Frage auf.

____

______________________________?

____

______________________________?

____

______________________________?

____

______________________________?

Ein Interview durchführen

1 Ben befragt Surfprofi Kai zu einer neuen Trendsportart. Lies die Antworten und schreibe zu jeder eine passende Frage auf.

Ben: ____________________
Kai: Hallo, ich bin Kai und wohne auf einer kleinen Insel hoch oben im Norden. Dort leite ich eine Surfschule.

Ben: ____________________
Kai: Wingfoilen ist der neue Trend im Wassersportbereich. Der Surfer hält einen aufblasbaren Wing (auf Deutsch: Flügel) in der Hand und steht auf einem Surfbrett, an dem unten ein langer Mast befestigt ist.

Ben: ____________________
Kai: Der Mast sorgt dafür, dass dein Brett abhebt und aus dem Wasser kommt. Wenn das passiert, schwebst du sozusagen über das Wasser.

Ben: ____________________
Kai: Es ist fantastisch und entspannend, wenn du plötzlich über dem Wasser schwebst. Und du hörst kaum noch Geräusche.

Ben: ____________________
Kai: Wenn du einen guten Lehrer hast, kann es sein, dass du schon nach 5 bis 10 Stunden Unterricht allein losziehen kannst.

Ben: ____________________
Kai: Schon Grundschulkinder können mit dem Sport beginnen. Anfangs hat man ein Brett ohne Mast. Das ist einfach und sicher.

2 Welches Bild zeigt die neue Trendsportart am anschaulichsten? Wähle aus.

Ein Interview überarbeiten

1 Mika hat den Astronauten Toni Trabant interviewt und die Antworten auf seinem Interview-Block notiert. Lies die Notizen.

1. Was ist das für ein Gefühl, schwerelos zu sein?
Zuerst ungewohnt, das Schweben muss man erst lernen, es reicht ein kleiner Stupser mit dem Zeh, sonst rauscht man mit Vollgas an die Decke

2. Schwebt man auch, wenn man schläft?
Ja, Schlafsäcke werden festgeschnallt

3. Und was machst du, wenn du mal duschen willst?
Funktioniert nicht, die Tropfen fliegen in alle Richtungen davon, verwenden feuchte Tücher, für die Haare Trockenshampoo

4. Verändert sich der Körper in der Schwerelosigkeit?
Ja, sehr, Beine werden dünner, die Muskeln und Knochen bilden sich zurück

5. Was tut ihr dagegen?
Täglich 2 x 1 Stunde Sport, z. B. auf dem Laufband joggen oder Krafttraining

6. Was ist das Schwierigste bei der Körperpflege?
Fußpflege, auf der Erde hilft Schwerkraft beim Vornüberbeugen, im All braucht man richtig Bauchmuskeln, um da unten dranzukommen

2 Überarbeite das Interview. Formuliere Mikas Stichpunkte auf einem eigenen Blatt aus. Schreibe lebendig und formuliere ganze Sätze.